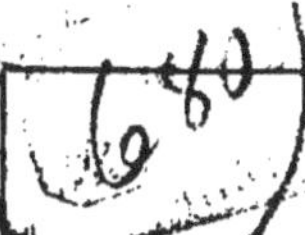

MARCO SPADA

OU

LA FILLE DU BANDIT

BALLET-PANTOMIME EN TROIS ACTES

PAR

M. MAZILLIER

—

MUSIQUE DE M. AUBER

—

REPRÉSENTÉ POUR LA PREMIÈRE FOIS, SUR LE THÉATRE DE L'ACADÉMIE IMPÉRIALE DE MUSIQUE, LE 1er AVRIL 1857.

TROISIÈME ÉDITION.

Prix : 1 franc.

PARIS
Mme Ve JONAS, ÉDITEUR-LIBRAIRE DE L'OPÉRA
4, RUE MANDAR

MICHEL LÉVY FRÈRES
2 bis, Rue Vivienne.

TRESSE, PALAIS-ROYAL
Galerie de Chartres.

1857

MARCO SPADA

OU

LA FILLE DU BANDIT

BALLET-PANTOMIME EN TROIS ACTES

PAR

M. MAZILLIER

MUSIQUE DE M. AUBER

REPRÉSENTÉ POUR LA PREMIÈRE FOIS, SUR LE THÉATRE DE L'ACADÉMIE IMPÉRIALE DE MUSIQUE, LE 1er AVRIL 1857.

TROISIÈME ÉDITION.

PARIS
Mme Ve JONAS, ÉDITEUR-LIBRAIRE DE L'OPÉRA
4, RUE MANDAR

MICHEL LÉVY FRÈRES
2 bis, Rue Vivienne.

TRESSE, PALAIS-ROYAL
Galerie de Chartres.

1857

PREMIER ACTE.

Paysans.

MM. Leroy.	Estienne.	Barbier.	Reiblinck.
Rémond.	Fanget.	Ajas.	Andoul.
Michaux.	Josset.	Rousseau.	Perrot.
Gilles.	Meunier.	Stanislas.	Adam.
Lecerf.	François.	Monfallet.	Godefroy.
Carey.	Darcourt.	Pissarello.	Gabiot 2.
Bertrand.	Bion.	Gabiot, 1.	Girard.
Galland.	Mamy.	Letourneur, 2.	Papavoine.
Sciot.	Letourneur 1.	Letourneur 3.	

Paysannes.

Mlles Cellier.	Simon.	Beaugrand.	Robert.
Poussin.	Gaujelin.	Parent.	Poinet.
Mercier.	Chassagne.	Villeroy.	Dauwes.
Cassegrain.	Danse.	Andrieux.	Hairivaut 3.
Schlosser.	Pottier.	Marcus.	Leroy.
Pilvois.	Deleonet.	Brach 1.	Milliere.
Lefèvre.	Touttain.	Fiocre 1.	Brach 2.
Troisvallets.	Gambelon.	Tarlé.	Lecerf.
Giraud.	Gallois.	Porral.	Rust.
Ynemer.	Vibon.	Fiocre 2.	Gorion.
Danfeld.	Hairivaut 1.	Hairivaut 3.	Jousset.
Chambret.	Baratte.	Ybert.	Pouilly.

Huit Marchandes.

Prevot.	Favre.	Crète.	Beauclerc.
Motteux.	Julia.	Meurant.	Caré.

Quatre Dames nobles.

Decamp. Letellier. François.

Comparses.

Vingt dragons : — Huit hommes du peuple : — Six domestiques du gouverneur.

DANSES DU PREMIER TABLEAU.

1° *Pas d'Ensemble.*

M. Mérante, Mme Ferraris.

2° *Valse.*

M. Mérante, Mme Ferraris.

3° *Tarentelle.*

M. Hippolyte Mazillier, Mlles Caroline, Villiers, Morendo.

4° *Final général par six quadrilles.*

DEUXIÈME TABLEAU DU PREMIER ACTE.

Leçon de danse.

Mmes Rosati, Ferraris et M. Mérante.

Huit Pages de Spada.

Mlles Chatenay.	Devaux.	Mlles Crétin.	Ducimetière.
Letourneur.	Fontaine.	Jousse.	Lamy.

Huit Nymphes coryphées.

Mlles Cellier.	Lefèvre.	Mlles Pilvois.	Troisvallets.
Mercier.	Poussin.	Cassegrain.	Schlosser.

Huit Paysannes coryphées.

Mlles Gaujelin.	Mlles Chassagne.	Mlles Chambret.	Mlles Ynemer.
Simon.	Danse.	Danfeld.	Giraud.

Vingt-quatre Paysannes.

Mlles Fiocre 1.	Mlles Deleonet.	Mlles Andrieux.	Mlles Robert.
Beaugrand.	Hairivaut 1.	Milliere.	Hairivaut 2.
Parent.	Marcus.	Thybert.	Porral.
Baratte.	Hairivaut 2.	Tarlé.	Leroy.
Vibon.	Porral.	Poinet.	Andrieux.
Gallois.	Leroy.	Villeroy.	Vidal.

Comparses.

Six Domestiques, vingt Dragons, huit Musiciens.

Quatre Suivantes.

Mlle Dufour.	Mlle Buhler.	Mlle Malgorne.	Mlle Fontaine 1.

Douze Voleurs.

MM. Lefèvre.	MM. Galland.	MM. Sciot.	MM. Bion.
Estienne.	Darcourt.	Monfallet.	Meunier.
François.	Josset.	Fanget.	Caré.

Seize Dames nobles.

Mlles Decamp.	Mlles Prevot.	Mlles Corinne.	Mlles Julia.
Letellier.	Motteux.	Meurant.	Favre.
Dufour.	François.	Buhler.	Caré.
Malgorne.	Crete.	Fontaine 2.	Beauclerc.

Mascarade.

MM. Lefèvre.	MM. Rousseau.	MM. Lecerf.	MM. Rieblinck.
Caré.	Leroy.	Pissarello.	Audoul.
François.	Bertrand.	Gille.	Perrot.
Darcourt.	Josset.	Barbier.	Stanislas.
Carey.	Bion.	Michaux.	Adam.
Galland.	Estienne.	Letourneur 1.	Godefroy.
Sciot.	Millot.	Gabiot 1.	Gabiot 2.
Monfallet.	Rémond.	Letourneur 2.	Girard.
Meunier.	Fanget.	Letourneur 3.	Papavoine.

Mmes Chambret.	Mmes Danse.	Mmes Porral.	Mmes Jousset.
Danfeld.	Jousse.	Fiocre 2.	Hairivaut 2.
Ducimetière.	Mercier.	Hairivaut 3.	Lecerf.
Hairivaut 1.	Deleonet.	Thybert.	Pouilly.
Lamy.	Tarlé.	Ruben.	Andrieux.
Chatenay.	Gambelon	Poinet.	Beaugrand.
Vibon.	Devaux.	Dauwes.	Rebard.
Gallois.	Touttain.	Leroy.	Fiocre 1.
Crétin.	Pottier.	Milliere.	Brach 1.
Fontaine 2.	Parent.	Rust.	Lucie.
Baratte.	Vidal.	Brach 2.	Lamon.
Villeroy.	Marcus.	Gorion.	Fait.

PAS DE Mme FERRARIS.

Les Grâces.

Mlle Poussin. Mlle Schlosser. Mlle Troisvallets.

Les Muses.

Mlles Chassagne.	Mlles Cellier.	Mlles Cassegrain.	Mlles Ynemer.
Simon.	Gaugelin.	Pilvois.	Giraud.

Lefèvre.

PAS DE Mme ROSATI.

Mlle Villiers. Mlle Mauperin. Mlle Carabin. Mlle Rousseau.

Coryphées.

Mlle Danse.	Mlles Danfeld.	Mlles Mercier.	Mlle Fontaine 2.
	Chambret.	Ducimetière.	

Comparses.

Domestiques, Dominos, Gardes.

TROISIÈME ACTE, PREMIER TABLEAU.

PAS DE Mme FERRARIS.

Coryphées.

Mlles Simon.	Mlles Troisvallets.	Mlles Gaujelin.	Mlles Schlosser.
Cellier.	Mercier.	Poussin.	Cassegrain.

Douze Voleurs.

MM. Lefèvre.	MM. Caré.	MM. Monsallet.	MM. Meunier.
Fanget.	Josset.	Sciot.	Galland.
Bion.	Darcourt.	François.	Estienne.

Voleurs.

MM. Rousseau.	MM. François.	MM. Letourneur.	MM. Lecerf.
Michaux.	Pissarello.	Millot.	Georges.
Sciot.	Lefèvre.	Rémond.	Monsallet.
Carey.	Caré.	Bastide.	Galland.
Leroy.	Bion.	Ajas.	Fauget.
Barbier.	Josset.	Meunier.	Faro.
Darcourt.	Mamy.	Bertrand.	Estienne.

Quinze Comparses.

Femmes des Bandits.

Mlles Deleonet.
Hairivaut.
Baratte.

Mlles Gallois.
Pottier.
Jousse.

Mlles Crétin.
Gambelon.
Touttain.

Mlles hatenay.
Devaux.
Vibon.

PAS DE Mme ROSATI DANS LA CAVERNE.

M. Coralli, Mlles Marquet et Aline.

Corps de Ballet.

Tarentelle sur la montagne.

Mlles Chassagne.
Ynemer.
Pilvois.
Simon.
Vidal.
Fiocre 1.
Poinet.
Leroy.

Mlles Ducimetière 2.
Lamy.
Cassegrain.
Ganjelin.
Parent.
Tarlé.
Brach 1.
Robert.

Mlles Cellier.
Lefèvre.
Mercier.
Troisvallets.
Andrieux.
Villeroy.
Porral 1.
Porral 2.

Mlles Danse
Giraud.
Danfeld.
Chambret.
Hairivaut 3.
Hairivaut 2.
Marcus.
Letourneur.

Douze Petits Musiciens.

MM. Gabiot 1.
Letourneur 2.
Letourneur 3.

MM. Rieblinck.
Andoul.
Perrot.

MM. Stanislas.
Adam.
Godefroy.

MM. Gabiot 2.
Giran.
Papaveine.

Comparses.

Vingt Dragons. — Trente Guides. — Cinquante Bandits.

PERSONNAGES

LE PRINCE OSORIO, gouverneur de Rome.	MM. LENFANT.
FEDERICI, son neveu..................	PETIPA.
LA MARCHESA SAMPIETRI, sa nièce......	Mme FERRARIS.
LE COMTE PEPINELLI, son sigisbé, capitaine de dragons.	MM. MÉRANTE.
MARCO SPADA..........................	SEGARELLI.
ANGELA, sa fille.........................	Mme ROSATI.
GERONIO, bandit romain...............	M. CORALLI.
FRA-BORROMEO, trésorier du couvent....	M. GARNIER-BERTIER.

CHOEUR de Seigneurs et de Dames.

CHOEUR de Paysans et Paysannes.

CHOEUR de Bandits.

Paris. — Typographie MORRIS et COMP., rue Amelot, 64.

MARCO SPADA

OU

LA FILLE DU BANDIT

ACTE I.

Le théâtre représente un riche village aux environs de Rome. Il est situé au pied d'une montagne qu'on aperçoit dans le fond. — A gauche, les maisons; à droite l'entrée d'un couvent de Franciscains.

SCÈNE PREMIÈRE.

Une noce de village. Le marié, la mariée, les jeunes gens et jeunes filles dansent, pendant que les grands parents sont attablés à droite et à gauche. Arrivent le prince Osorio, gouverneur de Rome, sa nièce, la marchesa Sampietri, et le comte Pepinelli, capitaine de dragons, que la Marquise a accepté pour sigisbé et qui la suit partout. On leur présente la mariée.

SCÈNE II.

Le Syndaco, premier magistrat du village, et les notables viennent recevoir le Gouverneur. Ils se plaignent à lui des brigands de la montagne, dont ils ont grand'peur. Le Gouverneur les rassure : il veille et prendra tous les moyens possibles pour exterminer les bandits. Il montre au Syndaco et aux notables un poteau que des sbires viennent de planter au milieu du théâtre et qui porte ces mots : *Six cents écus de récompense à qui livrera Marco Spada le brigand.* Il leur montre aussi une compagnie de dragons qui traverse en ce moment le théâtre et se dirige vers la montagne.

La noce se rend à l'église. Le Gouverneur veut assister au mariage. Sa nièce va le suivre, Pepinelli la retient et reste seul avec elle. Il lui parle de l'amour brûlant que depuis si longtemps il éprouve pour elle, et il n'est payé que d'indifférence... lui, son sigisbé! lui, qui du matin jusqu'au soir va, vient, s'empresse pour obéir à ses moindres caprices. — Que voulez-vous? je vais me marier, je suis fiancée à mon cousin, le comte Federici.

— Et alors tout est fini pour moi?

— Permis à vous de continuer à soupirer et à souffrir, mais je ne promets rien.

— Vous me refuseriez même la faveur d'accepter ma main pour danser à cette noce?

En ce moment la noce sort de l'église. Les danses se forment; mais les jeunes filles du village, voyant la demoiselle de la ville qui s'apprête à danser avec le jeune Capitaine, s'arrêtent, les regardent, et ce n'est qu'à la fin du pas de la Marchesa avec Pepinelli que *la salturelle* devient générale.

SCÈNE III.

A la fin de ce pas paraît au fond du théâtre un jeune homme portant l'attirail de peintre. Il est aperçu par la Marchesa et Pepinelli, qui poussent un cri de surprise. A ce cri, le Gouverneur s'approche, et reconnaît dans ce nouvel arrivant le comte Federici, son neveu, le futur époux de la Marchesa.

— Toi, dans ces lieux et sous ce costume! qui t'y amène? tu viens, comme nous, voir la fête?

— Non, mon oncle.

— Dessiner des costumes ou des groupes?

— Non; je vais, en artiste, parcourir la montagne et achever un point de vue que j'ai commencé.

— Prenez garde, mon cousin, dit la Marchesa... on dit que la montagne n'est pas sûre.

— Un artiste n'a rien à craindre. Mais voici, dit-il en lui montrant le couvent, dont les portes viennent de s'ouvrir, un frère lai qui s'offre pour vous faire les honneurs de son monastère.

— Nous allons visiter les reliques, qui sont en grande vénération, et puis nous retournerons à Rome.

— J'aurai l'honneur de vous y voir ce soir.

Le Gouverneur, la Marchesa et Pepinelli entrent dans le monastère. Federici s'éloigne et disparaît dans la montagne.

SCÈNE IV.

Marco Spada, habillé en gentilhomme, costume de chasse, paraît, suivi de deux valets qui portent des fusils. Il traverse le théâtre, regarde la danse avec plaisir. Il aperçoit le poteau planté au milieu du théâtre, le montre à ses compagnons, et tous les trois le lisent en souriant. Les danseuses se reposent, et Marco, qui a remarqué les plus jolies, leur propose de venir, le soir même, souper ou danser à une fête qu'il donne, dans un château, au milieu de la montagne. On les conduira et on les ramènera en voitures.

— Et nos amoureux? dit l'une d'elles.

— Et vos amoureux aussi.

Les jeunes filles et les jeunes gens acceptent.

SCÈNE V.

Le village n'a payé ni cette année, ni l'année précédente, la dîme qui est due au couvent.

(*Roulement de tambours exécuté par l'un des sbires.*)

Le Gouverneur fait signifier qu'on ait à solder, entre les mains du frère trésorier, les taxes arriérées.

Les sbires entrent dans les maisons du village et invitent les contribuables retardataires à apporter leur dîme au frère caissier, qui vient de s'établir devant une table à droite.

Frère Borromeo s'adresse d'abord à Marco Spada, qui est debout près de lui.

— Je ne suis point de la paroisse, répond celui-ci.

Le trésorier le regarde attentivement, et, en effet, il ne le reconnaît pas.

Les habitants du village sortent de leurs maisons et viennent successivement payer la dîme au frère trésorier, qui, assis devant une petite table, compte chaque somme et en donne un reçu.

Borromeo vient de renfermer sa recette dans un grand sac de cuir, qu'il noue avec soin. Il fait signe aux sbires qu'il n'a plus besoin d'eux et qu'ils peuvent rejoindre le Gouverneur.

Les sbires rentrent dans l'intérieur du monastère.

On entend un commencement d'orage. Paysans et paysannes, effrayés, se hâtent de gagner leurs demeures. Bientôt il ne reste en scène que Marco, à gauche. Quant à Borromeo, portant avec peine son sac, qui paraît pesant, il se dirige vers le monastère, qui est à droite; il trouve devant la grande porte les deux valets de Marco, qui ont braqué vers lui leurs mousquets... Frère Borromeo recule épouvanté vers Marco et lui demande ce que cela signifie...

— Ce sont les percepteurs de la montagne qui touchent aussi leur dîme. Je vous conseille de vous mettre en règle et d'imiter la soumission des paysans.

— Mais ma responsabilité auprès du couvent?

— Qu'à cela ne tienne.

Marco s'assied devant la table et signe un reçu, qu'il présente à Borromeo, pendant que les deux compagnons ont ramassé le sac de cuir et s'éloignent.

Marco ôte avec ironie son chapeau à Borromeo et disparaît.

SCÈNE VI.

Borromeo, resté seul et tremblant de frayeur, lit le papier, pousse un cri et tombe sur le banc de verdure en lisant le nom redoutable de *Marco Spada*.

Le Gouverneur, sa nièce et Pepinelli sortent du couvent. Borromeo court à eux et leur raconte ce qui vient d'arriver.

— Quoi! dit le Gouverneur, Marco Spada était là!... et tu l'as vu?... et tu le reconnaîtrais?...

— Certainement.

— Sois tranquille; je retourne à Rome donner des ordres, et demain on le poursuivra dans toutes les directions.

Ils s'éloignent tous trois pendant que Borromeo leur envoie sa bénédiction et celle du couvent.

On entend dans le lointain le bruit de l'orage qui gronde, approche, augmente et éclate avec furie.

SCÈNE VII.

Le théâtre change. Il représente un salon très-riche et très-élégant. A gauche et à droite, sur le premier plan, des appartements, dont l'entrée est cachée par des portières; à droite, sur le second plan, une fenêtre donnant sur des jardins. Le fond du salon, de forme circulaire, est fermé par plusieurs portes s'ouvrant sur une galerie. Entre chaque porte est un grand tableau en pied; à droite, une table sur laquelle on voit un flambeau à plusieurs branches, des papiers et des instruments de musique.

Le Gouverneur, la Marchesa et Pepinelli entrent par la porte du fond. L'orage dure toujours; il a effrayé leurs chevaux et leur a fait prendre le mors aux dents. Au lieu de suivre la route de Rome, ils se sont élancés du côté de la montagne, et, à travers des chemins inconnus et détestables, ils sont arrivés jusqu'à la porte de ce château. Au bruit du galop de leurs chevaux, les portes se sont ouvertes comme si on attendait du monde.

Les trois voyageurs sont accablés de fatigue; ils secouent leurs chapeaux et leurs manteaux, trempés par la pluie, et regardent avec étonnement l'élégante demeure où ils se trouvent.

Ils n'ont, jusqu'à présent, rencontré personne, ni dans le vestibule ni dans les autres appartements de ce palais. C'est de la magie, c'est de la féerie, c'est un conte des *Mille et une Nuits*.

Pepinelli propose d'aller à la découverte. Il prend le flambeau placé sur le guéridon, soulève la portière de l'appartement à droite, et disparaît, laissant pour quelques instants ses compagnons dans l'obscurité.

Le Gouverneur, pendant ce temps, se hasarde du côté de l'appartement à gauche; mais, au moment où il en ouvre la porte, une jeune fille s'élance, se jette dans ses bras, et le presse sur son cœur. — Étonnement du Gouverneur, qui n'ose ni repousser ni recevoir ses caresses. Rentre Pepinelli, son flambeau à la main. Le théâtre redevient éclairé.

Les trois étrangers sont frappés de surprise en apercevant dans la maîtresse de la maison une jeune et belle fille. — Celle-ci pousse un cri d'effroi en se voyant entre les bras d'un inconnu.

Elle attendait son père. Elle a cru que c'était lui. Le Gouverneur et ses compagnons s'excusent auprès d'elle. — Surpris par l'orage, égarés dans les bois, ils demandent l'hospitalité, qu'Angela s'empresse de leur offrir, en l'absence de son père.

Elle leur propose, avant tout, de sécher ou de changer leurs vêtements. Elle sonne.

Des domestiques paraissent, qui conduisent Pepinelli et le gouverneur dans les appartements à droite. Quant à la Marchesa, Angela la prend par la main et la mène à gauche dans son appartement, dont la portière se referme sur elle.

SCÈNE VIII.

Angela, restée seule, s'inquiète d'abord de son père, qui ce jour-là se fait bien attendre. Mais son attention est bientôt détournée par le bruit d'une guitare qui se fait entendre sous le balcon à droite.

Angela écoute avec plaisir ces accents qui lui sont connus. Chaque jour, à cette heure, la guitare se fait ainsi entendre. Mais elle ne doit pas permettre plus longtemps une pareille imprudence. Elle court à la fenêtre à droite, qu'elle ouvre. Un jeune homme paraît sur le balcon.

SCÈNE IX.

C'est Federici, c'est le jeune peintre qu'on a vu partir pour la montagne afin d'y chercher des points de vue. Scène d'amour. Effroi et reproches d'Angela. Elle lui a déjà défendu de revenir dans la forêt et de s'arrêter sous son balcon. Elle ne peut ni le regarder, ni l'écouter, ni surtout le recevoir en l'absence de son père.

— Mais je vous aime! mais je ne suis pas comme je vous l'ai dit, un artiste, un peintre! — J'ai un nom, j'ai de la fortune; je veux dès demain me faire connaître à votre père et lui demander votre main.

— Ma main ! s'écrie Angela avec joie !

— Obtiendrai-je le consentement de votre père? obtiendrai-je surtout le vôtre?

Angela baisse les yeux. Federici insiste, la presse et demande une réponse.

Angela écoute. Elle entend le galop d'un cheval : Mon père arrive, partez ! s'il vous voyait chez lui à une pareille heure, il ne le pardonnerait ni à vous ni à moi...

— M'éloigner sans avoir votre réponse !

— Partez, monsieur, partez, pour revenir demain.

Federici pousse un cri de joie, s'élance par la fenêtre à droite, qu'Angela referme sur lui.

SCÈNE X.

Marco Spada paraît à la porte du fond; sa fille court au-devant de lui, le débarrasse de son manteau, puis se jette dans ses bras et lui prodigue les plus tendres caresses.

Marco la contemple avec orgueil et avec amour.

— C'est là mon bien suprême, mon seul trésor... Ah ! qu'elle ignore toujours qui je suis !... que ce front si pur et si candide ne rougisse jamais des crimes de son père !

Angela fait asseoir son père près d'elle sur un canapé à droite. Marco tire de sa poche un écrin qui renferme un collier et des bracelets ; il les offre à sa fille, qui les admire, puis il lui présente un bouquet de roses blanches.

— Un bouquet à moi... et pourquoi?

— C'est ta fête!...

— C'est vrai ! je l'avais oublié ; mais vous, mon père, vous n'oubliez rien.

Elle jette l'écrin sur le canapé, porte le bouquet à ses lèvres et le presse contre son cœur.

— Ce n'est pas tout encore; je te réserve ce soir une autre surprise.

— A moi !...

— Cela t'étonne ! ne sais-tu pas que ma vie, c'est toi, ma fille, que ma seule pensée c'est ton bonheur ?

— Bien vrai ?...

— Parle ?... as-tu un seul désir, un seul rêve que je ne m'empresse de réaliser... si c'est en mon pouvoir ?

Angela lui raconte alors qu'elle a vu plusieurs fois un beau jeune homme s'arrêter sous ses fenêtres du côté de la forêt. — Elle raconte les romances qu'il jouait sur une guitare ; romances qui parlaient toutes de son amour. Elle avoue sa visite de tout à l'heure. Il a bravé, pour arriver jusqu'à elle, les braconniers ou les bandits de la forêt, et il doit venir demain demander sa main à son père.

— Et tu l'aimes ?

— Oui.

— Et tu le voudrais pour époux ?

— Oui.

— Qu'il vienne alors, je lui tendrai la main, et je lui dirai : Touchez là, mon gendre !

O mon bon père ! s'écrie Angela en se jetant dans ses bras !

SCÈNE XI.

En ce ce moment la porte à gauche s'ouvre. Paraît la Marchesa, qu'Angela présente à son père. Elle lui explique comment en son absence elle a donné l'hospitalité à la Marchesa et à ses deux compagnons que voici.

Marco se retourne, et voit entrer deux personnes qu'il connaît très-bien : le Gouverneur de Rome, le prince Osorio, qui a mis sa tête à prix, et Pepinelli, le capitaine de dragons, qui s'est chargé d'exécuter cet ordre.

Le Gouverneur et Pepinelli, qui ne connaissent point Marco Spada, ne voient en lui que le riche seigneur à qui ils doivent l'hospitalité et lui adressent leurs remerciements. Ils veulent repartir, Marco les retient, il les invite à souper et à passer la nuit. Ils acceptent. — Il sonne.

Paraît Geronio, le lieutenant de Marco, habillé en majordome. Surprise de celui-ci en apercevant ces nouveaux hôtes. C'est le Gouverneur de Rome, dit-il bas à son maître. C'est notre ennemi mortel qui vient se livrer entre nos mains.

— Je le sais, dit Marco.

— Et bien qu'attendons-nous pour le frapper?

Et il tire son poignard.

Marco retient sa main : Pas devant ma fille, entends-tu bien?... qu'elle ne se doute jamais de ce que nous sommes; nos hôtes restent ce soir, et après le souper, quand ils seront rentrés dans leur appartement, quand minuit sonnera, je te les abandonne.

— Lui et ses compagnons?

— Oui, excepté la jeune dame qui est de l'âge de ma fille et qui a l'air de l'aimer. Vois, comme elles causent ensemble. — Soit! dit Geronio. J'irai prendre dans la forêt une douzaine de nos compagnons.

— Qu'on ne les voie pas ici! s'écrie Marco.

— Soyez tranquille, je les ferai entrer par les caves du château, et de là, par cette trappe, je les ferai monter jusqu'en ces appartements, où je les cacherai jusqu'au bon moment.

— Comme tu voudras, pourvu que tout soit exécuté sans bruit et sans que ma fille s'en aperçoive.

— C'est dit. (*Geronio sort.*)

Pendant que le maître de la maison est censé donner à son majordome des ordres pour le repas, les deux jeunes femmes, assises à gauche sur un canapé, causent avec le Gouverneur et Pepinelli. Marco s'avance vers eux.

— Seigneur, lui dit le Gouverneur, j'ai accepté pour aujourd'hui le souper et le coucher que vous voulez bien me donner, mais à une condition. Ma nièce disait tout à l'heure à votre fille que demain je donne un bal à Rome. J'espère que vous et la signora nous ferez l'honneur d'y assister.

Le premier mouvement de Marco est de refuser; mais sa fille lui met la main sur la bouche et le supplie de la conduire au bal. Elle n'a jamais vu de bal, et celui-là sera si brillant, si élégant! Toute la noblesse de Rome y sera.

Marco pense que le gouverneur, devant être poignardé cetta nuit, pourra difficilement donner un bal le lendemain, et il consent, à la grande joie de sa fille, à accepter son invitation; mais une crainte retient tout à coup Angela, crainte qu'elle n'ose exprimer au Gouverneur et à la Marchesa : c'est qu'elle n'a jamais été au bal, c'est qu'elle sait à peine danser, c'est qu'elle ne connaît ni les passes ni les figures.

— N'est-ce que cela ? dit la Marchesa ; je vous apprendrai tout, en une leçon.

— Mais cette leçon, quand pourrai-je la prendre ?

— Tout de suite et avant souper, dit le Gouverneur. Le château de monsieur le baron me paraît magnifique. Des tableaux exquis, dit-il, en regardant ceux du fond. Et s'il veut me montrer toutes ses richesses...

— Pas toutes, dit Marco en souriant, mais une partie... Laissons étudier ces dames ; je vous offre mon bras, monsieur le Gouverneur. Venez-vous, seigneur Pepinelli ?

— Ces dames auront besoin pour danser d'un orchestre quelconque. (*Apercevant un violon sur la table à droite.*) Je joue assez bien du violon, et je me mets à leurs ordres.

Angela et la Marchesa acceptent. Le Gouverneur et Marco s'éloignent par le fond en se donnant le bras.

SCÈNE XII.

Scène de leçon de danse. La Marchesa indique quelques pas à Angela, qui essaye de les exécuter et y réussit mal.

— Ce n'est pas cela, lui dit la Marchesa, qui recommence le pas.

Angela danse mieux, puis bien.

— Brava ! dit la Marchesa.

— Brava ! dit Pepinelli, qui, en regardant les deux jeunes dames, oublie souvent de jouer, et que l'on rappelle à son devoir de chef d'orchestre.

Angela et la Marchesa reprennent ensemble le même pas, qui va maintenant à merveille.

Restent maintenant les passes et les figures. Elles ont, pour les exécuter, besoin d'un cavalier. Pepinelli laisse, de temps en temps, de côté le violon, et de chef d'orchestre devient danseur.

Le pas de deux devient un pas de trois.

La maîtresse est enchantée de son élève et l'applaudit. A la fin du pas, Pepinelli s'arrête étonné et écoute.

— Qu'avez-vous donc? lui demandent les jeunes dames.

— N'entendez-vous pas sous nos pieds un bruit étrange?

— Eh! oui! qu'est-ce que ce peut être?...

— Seraient-ce des faux monnayeurs?

—Allons donc! N'importe, je cours avertir mon père, dit Angela.

—Et moi mon oncle, dit la Marchesa.

Toutes les deux sortent et laissent Pepinelli fort inquiet.

SCÈNE XIII.

(Pepinelli, seul.) — D'où peut venir ce bruit singulier? on dirait des pas d'hommes.

Il aperçoit alors au milieu du théâtre une trappe qui commence à se soulever. Il recule avec effroi vers l'appartement à droite et se cache derrière les portières en tapisseries.

La trappe s'ouvre. Un premier bandit paraît, regarde, ne voit personne dans le salon et fait signe à ses compagnons de monter. Il en paraît une douzaine. La trappe se referme.

Le premier bandit leur montre les tableaux qui garnissent la salle et qui, au moyen d'un ressort, glissent dans la muraille. Il leur fait signe de se cacher derrière chaque tableau et d'attendre le moment où l'on aura besoin d'eux. Les tableaux se referment, et Pepinelli, qui a tout vu, caché par les rideaux à droite, tremble et se soutient à peine.

SCÈNE XIV.

Le Gouverneur et la Marchesa, Angela et Marco reviennent. Geronio, le majordome, est près de Marco. Il vient pour lui apprendre que ses ordres ont été exécutés, mais Pepinelli ne lui en donne pas le temps.

Encore tout épouvanté, il raconte à demi-voix ce qu'il vient de voir; mais sa frayeur lui fait doubler le nombre des brigands. Ils étaient vingt-quatre. Ils sont sortis de cette trappe et viennent de se cacher derrière ces tableaux, sans doute pour mettre le château à feu et à sang. Le Gouverneur veut courir au danger, la Marchesa le retient.

On entend au loin, dans la montagne, la trompette des dragons romains. Tout le monde s'arrête et écoute.

Ce sont mes soldats, dit Pepinelli; je cours les chercher et vous les amène.

Le majordome Geronio tire un poignard, et veut frapper le capitaine pour l'empêcher de sortir.

Marco, sans être vu des femmes ni du Gouverneur, désarme Geronio en lui disant : Pas devant ma fille, laisse-le plutôt partir.

Pepinelli s'éloigne par le fond. Le Gouverneur vient de s'asseoir à droite. Les deux femmes causent vivement avec lui; pendant ce temps, Marco, à gauche, donne à voix basse des ordres à Geronio, qui sort vivement.

Marco se rapproche du groupe à droite, et donne à entendre au Gouverneur que le capitaine de dragons est un peu poltron; qu'il aura cru voir et qu'il n'aura rien vu.

— C'est aussi mon avis, dit le Gouverneur.

— Ce bruit n'est autre chose que celui de mes cuisines.

Les dames se mettent à rire.

Le son des trompettes devient plus fort. Revient Pepinelli, suivi d'un piquet de dragons. Il s'avance radieux près des dames et du Gouverneur.

— Je viens de vous sauver; j'ai rencontré non loin d'ici mes dragons, à cheval; je leur ai donné l'ordre de me suivre, et grâce à eux, nous allons nous emparer de tous les bandits cachés en ce château.

Les jeunes dames le regardent et lui soutiennent qu'il n'a rien vu et qu'il n'y a rien à craindre.

— Rien? dit-il. J'ai vu, je vous l'atteste, se soulever la trappe que voici. (*Il désigne celle qui est au milieu du théâtre.*) Et tenez, regardez encore... attention... Dragons, en joue!

Les dragons s'avancent et dirigent leurs mousquets vers la trappe qui vient de s'ouvrir. Il en sort une table richement servie et éclairée, tandis que sur le devant du théâtre, à gauche et à droite, s'ouvrent des trappes d'où l'on voit sortir des pages portant la serviette sur le bras et des plats d'honneur qu'ils placent sur la table.

Étonnement de Pepinelli.

— C'est notre souper que l'on sert, dit Marco. Asseyez-vous, de grâce !

Le Gouverneur et les deux dames se placent devant la table. Elles regardent en riant le capitaine de dragons qui cherche à rappeler ses souvenirs.

C'est pourtant bien de là que sont sortis ces brigands qui ont disparu derrière ces tableaux... Oui, dit-il vivement, c'est là qu'ils se sont cachés. Dragons, en joue!

Les dragons dirigent de nouveau leurs carabines contre les tableaux, dont les panneaux glissent dans la muraille, et l'on aperçoit dans chaque niche des jeunes filles portant des corbeilles de fleurs qu'elles viennent offrir aux deux jeunes dames et au Gouverneur.

Pepinelli, encore plus étonné, ne sait ce qu'il voit ni ce qu'il entend. On le force de s'asseoir à table.

En ce moment, les jeunes paysannes du village voisin, invitées par Marco à la scène IV, entrent par la porte du fond, et présentent des bouquets à Angela et aux autres convives, pendant que les pages offrent des verres et versent du vin aux dragons différemment groupés dans le salon et dans la galerie.

Tableau. — La toile tombe.

FIN DU PREMIER ACTE.

ACTE II.

La scène se passe à Rome. — Le théâtre représente un salon de bal dans le palais du Gouverneur. Tout est disposé pour un bal masqué.

SCÈNE PREMIÈRE.

La Marchesa, en grande toilette, est suivie par Pepinelli. Il vient d'apprendre que le bal de ce soir est un bal de fiançailles. La Marchesa va être unie à son cousin le comte Federici, et lui, Pepinelli, son cavalier servant, n'y survivra pas. Plaisanterie de la Marchesa, qui ne songe qu'au bal.

Elle consulte Pepinelli sur sa toilette et lui donne son mouchoir, son flacon et son éventail à garder. Douleur du Capitaine. Pour le consoler un peu, la Marchesa lui promet de danser avec lui dans la soirée; mais le malheureux sigisbé n'a plus de force, n'a plus plus de jambes, et tombe éperdu d'amour aux pieds de la coquette.

— Y pensez-vous? lui dit celle-ci; voici mon cousin le comte Federici, il vous aura vu.

SCÈNE II.

Les précédents, le comte Federici en costume de bal. Il aperçoit le Capitaine, qui est resté aux genoux de la Marchesa. Pepinelli cherche à expliquer cette posture en montrant l'éventail qu'il vient, dit-il, de ramasser. La Marchesa entre chez son oncle le Gouverneur et laisse ensemble les deux rivaux.

SCÈNE III.

Federici regarde en riant Pepinelli, qui cherche vainement à se remettre de son trouble.

— Vous aimez ma cousine, à ce que je vois?

— Moi? nullement!

— Cessez de vous en défendre, et rassurez-vous, je ne l'aime pas!

— Est-il possible?

— Et je ne l'épouserai pas, car j'en aime une autre.

— Vous me le jurez?

— Je vous le jure!

Transports de joie de Pepinelli, qui saute au cou de son rival. Dans son ivresse, il se met à danser et à battre des entrechats.

SCÈNE IV.

La Marchesa entre avec le Gouverneur, son oncle. Elle est tout étonnée de voir Pepinelli danser si bien et si haut, lui, qui tout à l'heure encore pouvait se soutenir à peine. Pepinelli veut lui apprendre ce qu'on vient de lui dire. Federici lui fait signe de se taire.

SCÈNE V.

Les dames et seigneurs invités commencent à arriver. Le Gouverneur et sa nièce les reçoivent, les saluent et les font asseoir.

Paraissent Marco Spada et sa fille richement habillés. Le Gouverneur les accueille avec les plus grands honneurs.

Federici reste frappé de surprise et de joie en apercevant Angela. Trouble de celle-ci, qui ne s'attendait pas à retrouver à ce bal son jeune peintre de la forêt. Les deux amants s'approchent l'un e l'autre. Federici salue respectueusement l'étrangère, qui répond avec émotion à son salut.

— Quel est donc, lui demande son père, ce jeune seigneur, que tu as l'air de connaître?

— C'est, lui dit-elle à voix basse, celui dont je t'ai parlé, celui qui m'aime!

Marco regarde attentivement son futur gendre, qui lui paraît très-bien.

Le bal commence. Divertissement composé de plusieurs pas

de différents genres. Danses espagnoles, françaises ou italiennes.

La Marchesa et Pepinelli dansent le pas de *Flore*. Angela et Federici dansent le pas du *Masque*. Angela, masquée, intrigue Pepinelli, qui cherche longtemps à deviner qui elle est. Elle finit pas se démasquer, et il tombe à ses pieds.

SCÈNE VI.

A la fin du divertissement paraît au fond Fra-Borromeo, qui s'avance vers le Gouverneur.

Marco Spada et sa fille sont à droite. A la vue du Franciscain, Marco tressaille. Il veut s'éloigner et emmener sa fille.

— Pourquoi donc? lui dit celle-ci. Ce bal est si agréable! et puis le comte Federici vient, en me reconduisant, de m'inviter pour une saltarelle. Oh! restons, mon père, restons, je t'en supplie!

Marco ne répond pas. Il reste debout pâle et immobile.

Pendant ce temps, Fra-Borromeo s'adresse au Gouverneur. Les révérends frères ont été dépouillés, la veille, par l'infâme Marco Spada, et apprenant que le Gouverneur donnait un bal aujourd'hui, un bal à l'élite de la société romaine, le couvent l'a chargé de venir faire une quête dans les salons du Gouverneur, avec la permission de celui-ci, s'entend.

Le Gouverneur s'empresse de donner son assentiment et conduit lui-même le Franciscain auprès des dames assises à gauche, où se trouvent Angela et la Marchesa. Marco, qui est à droite, témoigne son effroi. Il cherche à se dérober aux regards du moine; il remonte le théâtre et le traverse au fond, au moment où le moine le traverse sur le devant. Fra-Borromeo fait sa quête en remontant à droite et disparaît dans la coulisse.

Des pages viennent annoncer que le souper est servi.

Tout le monde sort. Marco, qui est descendu à gauche, près de sa fille, retient celle-ci au moment où elle veut suivre la Marchesa. Le père et la fille restent seuls. Marco se dirige vers une porte à droite, appelle Geronio, son lieutenant, qui paraît vêtu d'une livrée. Il lui donne ordre d'avertir ses gens et de faire avancer sa voiture. Geronio s'incline et sort.

SCÈNE VII.

— Qu'est-ce que cela signifie, mon père?

— Qu'il faut me suivre à l'instant.

— Daignez m'expliquer au moins la cause d'une telle conduite...

— Je ne puis! mais si nous tardons un instant, je suis perdu!

— Ah! je pars, s'écrie vivement Angela.

Marco l'entraîne. Mais à ce moment, Fra-Borromeo et Pepinelli sortent d'une des portes de droite. Marco s'arrête et redescend le théâtre.

— Venez, dit Pepinelli au Franciscain en lui montrant les portes du fond, on est à souper.

— Volontiers, mais je crois apercevoir un riche seigneur à qui je n'ai pas encore adressé ma quête. Je vous suis.

— Soit, dit Pepinelli, je vais vous annoncer.

(Il disparaît par la porte du fond.)

SCÈNE VIII.

Fra-Borromeo se dirige vers Marco qui vient de s'asseoir à gauche. Angela, remarquant le trouble et la pâleur de son père, lui demande ce qu'il a.

— Rien... laisse-moi.

— Vous m'effrayez!

— Va-t'en, de grâce... éloigne-toi.

— Je reste! c'est mon devoir.

Pendant ce temps, Fra Borromeo s'est approché de Marco, qu'il salue. Pendant que le bandit fouille dans sa poche et lui présente une bourse, le Franciscain lève les yeux, le regarde, le reconnaît.

— C'est lui! c'est Marco Spada!

Angela pousse un cri perçant et tombe évanouie sur un fauteuil. Marco tire un pistolet de sa poche et en menace Fra-Borromeo, immobile d'effroi et de surprise.

— Pas un cri, pas un geste, ou c'est fait de toi.

Il le fait reculer pas à pas vers la porte à gauche. Là il appelle : à moi !

Geronio et les trois domestiques en livrée sortent de la porte à gauche ; sur un geste de Marco, ils s'emparent de lui et l'entraînent.

— Partez ! emmenez-le à la montagne.

(*Ils disparaissent.*)

SCÈNE IX.

Marco s'approche alors de sa fille qui est toujours évanouie sur le fauteuil à droite, et se met à genoux près d'elle.

— Grâce pour moi, ma fille bien-aimée ! rouvre tes yeux, ou plutôt qu'ils ne m'aperçoivent jamais, qu'ils ne voient pas ton père rougir de honte à tes pieds !

Angela revient peu à peu à elle. Elle aperçoit son père qui la regarde d'un air suppliant. Elle pousse un cri et se jette dans ses bras.

— Écoute-moi, poursuit rapidement Marco. Rien n'est perdu ; dès demain je fuirai, je disparaîtrai à jamais. Mon sort restera inconnu pour tous, mais toi, ma fille, tu resteras, tu épouseras celui que tu aimes !... (*Il se retourne et l'aperçoit.*)

SCÈNE X.

Paraît Federici, qui s'approche respectueusement de Marco et lui dit :

— Vous connaissez mon rang et ma fortune, j'ose solliciter de vous, monsieur la main de votre fille.

— C'est à ma fille , monsieur, à prononcer.

— Est-il possible ! s'écrie Federici avec joie.

— Quelle que soit sa décision, je promets d'avance de l'approuver.

Un combat douloureux se livre dans le cœur d'Angela, obligée de choisir ainsi entre son père et son amant. Elle hésite!... elle frémit devant le désespoir qu'elle va causer. Enfin, le devoir l'emporte. Se soutenant à peine, elle s'approche de Federici qui tressaille de joie.

— Oubliez-moi, lui dit-elle; l'honneur le veut; épousez-en une autre! une autre qui vous donne l'amour que je garderai pour vous.

— Pourquoi, pourquoi? parlez au nom du ciel!

— Pour le tourment de ma vie, je ne puis le dire.

— Pourquoi? reprend Federici avec colère.

— Ne me le demandez pas.

Et elle se jette dans les bras de son père. Federici, furieux et se croyant joué par une coquette, l'accable de reproches, il jure de l'oublier et de se venger!

SCÈNE XI.

LE GOUVERNEUR, LA MARCHESA, PEPINELLI *et* Tous les Invités *sortent de la salle du festin.*

Federici, à la vue de la Marchesa, s'efforce de sourire et de prendre un air gai. Il va à elle, et l'amenant par la main au milieu du théâtre : — Depuis longtemps, dit-il à tous les assistants, mon oncle avait formé le dessein de me marier à ma cousine... et ce mariage qui me ravit et qui m'enchante, je vous l'annonce aujourd'hui, mes amis, et je vous invite à la noce qui se célébrera demain.

Joie du Gouverneur, qui ordonne de reprendre les danses. Désespoir de Pepinelli, qui ne s'attendait point à une pareille nouvelle. Douleur d'Angela, qui, se soutenant à peine, s'appuie sur son père; celui-ci entraîne sa fille; des dames et seigneurs entourent le Gouverneur et lui adressent leurs félicitations. Pendant ce temps, le bal a recommencé et il est plus animé que jamais, au moment où Marco et sa fille disparaissent par la porte à gauche.

FIN DU SECOND ACTE.

ACTE III.

Le théâtre représente un boudoir élégant où tout est disposé pour la toilette de noces de la Marchesa. — A gauche, une grande corbeille recouverte de satin et orné de rubans. C'est la corbeille de mariage. — A droite, une armoire sculptée; à gauche une glace psyché.

SCÈNE PREMIÈRE.

Paraît Pepinelli, toujours désespéré. Il veut, avant le mariage, avoir une dernière entrevue avec la Marchesa, et s'il n'obtient rien, c'est une idée... il se tuera à ses pieds. Il tire même son poignard pour essayer comment il s'y prendra, mais la pointe lui en paraît bien effilée... et il n'est pas encore bien décidé... Il entend venir du monde... plusieurs dames... et il ne voulait parler qu'à la Marchesa! On vient par la porte du fond, la seule par laquelle il pourrait opérer sa retraite. Il aperçoit, à droite, une armoire entr'ouverte. Il s'y cache.

SCÈNE II.

Paraissent plusieurs jeunes filles portant des étoffes ou des voiles. Puis, la Marchesa, qui, vêtue d'une simple robe de gaze, vient s'occuper d'une importante affaire... sa toilette de mariée. On lui présente un voile, qu'elle essaye de différentes manières devant la glace. Elle prend plusieurs poses, tandis que les jeunes filles forment autour d'elle des groupes variés.

D'autres jeunes filles entrent alors, portant des bouquets blancs et des couronnes blanches de fleurs d'oranger.

La Marchesa choisit une des couronnes, qu'elle place sur son front, un des bouquets, qu'elle met à son corset, et prend de nouvelles attitudes, qui donnent lieu à de nouveaux groupes.

Dans un moment où la Marchesa est seule debout, tandis que les jeunes filles, à genoux autour d'elle, examinent l'effet de sa toilette, Pepinelli entr'ouvre la porte de l'armoire, où il étouffe, et reste stupéfait à la vue du gracieux spectacle qui s'offre à lui. Il en est enivré... il n'ose respirer... et il peut à peine comprimer les battements de son cœur.

Les jeunes filles tirent successivement de la corbeille des robes, des parures, des écrins, et bientôt la Marchesa se montre dans tout l'éclat de sa parure. Pepinelli, qui depuis longtemps la regarde derrière la porte de l'armoire entr'ouverte, ne saurait se modérer plus longtemps, la passion l'emporte. Il sort, il s'élance, il tombe à ses pieds. Surprise de la Marchesa. Indignation des jeunes filles.

Dans cet instant, la porte et les croisées du fond s'ouvrent, une douzaine de brigands paraissent. Les jeunes filles et Pepinelli jettent un cri d'effroi. Les jeunes filles cachent leur tête dans leurs mains; la Marchesa s'évanouit. Pepinelli, voyant près de lui la corbeille de mariage entr'ouverte, s'y blottit et, dans le mouvement, le couvercle se referme sur lui.

Le chef des bandits saute dans l'appartement, donne ordre à deux de ses gens d'enlever la Marchesa. D'autres regardent sur la toilette, s'emparent des bijoux, des dentelles, des écrins, qu'ils mettent dans leur poche.

Deux autres, apercevant la corbeille, s'en emparent, se félicitent de son poids, qui, grâce au ciel, leur paraît considérable, et l'emportent avec eux.

Quant aux jeunes filles, qui sont restées à genoux et les mains suppliantes, elles ne voient pas plus tôt les brigands disparus, qu'elles se relèvent et s'enfuient par la porte du fond en criant : Au secours !

SCÈNE III.

Le théâtre change et représente une forêt éclairée par le soleil levant. On aperçoit au loin dans la forêt des clairières ou des points de vue qui s'étendent à l'infini. Au milieu des arbres et des rochers, la troupe de Marco Spada, différemment groupée, se livre au sommeil.

Marco Spada, appuyé contre un rocher, est plongé dans ses réflexions. Il lève les yeux, voit tous ses gens qui dorment, et ordonne à Geronio, son lieutenant, de les éveiller.

Celui-ci donne un son de cor. En un instant tout le monde est sur pied. C'est l'heure du déjeuner; le feu s'allume; les femmes apprêtent le repas, d'autres dressent la table. Les bandits s'asseyent, les femmes servent leurs maris ou leurs frères.

Les bandits élèvent leurs verres et boivent à la santé de leur chef, qui essaye de leur sourire et se détourne pour essuyer une larme.

Le repas est fini, et les femmes et les filles des brigands commencent des danses, auxquelles se joignent les jeunes garçons de la troupe. Danses qui ont un caractère âpre et animé.

Une jeune fille est disputée par deux danseurs, qui tirent leur poignard. L'un a renversé son rival et va le frapper, chacun prend parti pour et contre. Marco, qui sort en ce moment de sa rêverie, s'avance pour punir, lorsqu'au fond du théâtre et sur un rocher qui domine la scène, paraît une jeune fille qui porte le même costume que les filles des brigands. Marco pousse un cri; il a reconnu Angela.

SCÈNE IV.

— Que viens-tu faire ici? lui demande Marco; pourquoi abandonner le château?

— Je n'y pouvais plus demeurer. La fille de Marco Spada doit suivre partout le sort de son père.

— Mais ce costume?

— Est désormais le mien. Je n'en veux pas d'autre. Fille de la montagne, voici ma patrie. Voici, dit-elle en montrant les jeunes filles, mes nouvelles compagnes. Que je n'interrompe ni vos chants, ni vos danses!...

Joie des jeunes filles et des brigands, qui viennent saluer avec respect la fille de leur chef.

Marco s'approche d'Angela, qui lui tend la main et s'efforce de lui sourire.

— As-tu pensé un instant, lui dit son père, que j'accepterais un pareil sacrifice?

— Il le faudra bien.

— Toi, habituée au luxe et à l'opulence, vivre dans ces montagnes, te couvrir d'obscurs vêtements! J'aimerais mieux mourir que de te voir malheureuse, et je vois des larmes dans tes yeux! Tu pleures déjà, tu le vois bien... tu pleures, mon enfant!

— Ces pleurs, ce n'est pas vous qui les faites couler.

— Et qui donc?

— Lui! quand je pense que ce matin même... il va épouser la Marchesa.

— C'est vrai!

— J'ai pu renoncer à lui!... mais le voir uni à une autre, c'est là ce qui me désespère.

— Rassure-toi!... ce mariage n'aura pas lieu... je te le promets, je te le jure.

— Et comment pourrez-vous l'empêcher?

— J'y ai déjà pensé! Sois tranquille.

En ce moment un bruit de clairons se fait entendre au loin.

Geronio vient annoncer à son chef que les dragons romains sont à leur poursuite et en nombre inférieur. L'occasion est belle pour les attendre.

Mais, en ce moment, Marco Spada ne songe qu'à sa fille. Mouvement de colère des bandits, qui veulent tirer sur leurs ennemis. Marco donne l'ordre de la retraite. Il faut avant tout mettre Angela en sûreté.

Il est une vaste caverne, dont l'entrée est connue d'eux seuls; c'est là qu'Angela sera à l'abri de tout danger, c'est là qu'il faut d'abord se réfugier et laisser passer l'ennemi.

Les bandits, Geronio, Marco et Angela disparaissent par la gauche de la forêt, et l'on voit paraître par la droite quelques dragons romains en éclaireurs.

SCÈNE V.

Le théâtre change à vue, et se trouve coupé en deux parties : l'une, supérieure, c'est la forêt que l'on vient de voir; l'autre, inférieure, c'est la caverne où Marco Spada, sa fille et les brigands entrent dans ce moment. La caverne s'étend à droite et à gauche hors de la vue du spectateur. Plusieurs rochers, placés çà et là, s'élèvent jusqu'à la voûte et n'empêchent pas de circuler dans la caverne.

Au-dessus de la tête des bandits, des dragons paraissent dans la forêt. L'officier qui les commande s'arrête et leur laisse prendre un instant de repos. — Fatigués de la poursuite à laquelle ils viennent de se livrer, ils essuient leurs fronts couverts de sueur. — Les soldats regardent autour d'eux et ne voient aucun sentier battu.

— Nous avons perdu la trace des brigands, dit l'officier, et nous nous sommes égarés, tâchons de retrouver notre chemin et de sortir de cette forêt.

Ils reprennent leurs armes, se remettent en marche et disparaissent par la droite.

Les brigands les entendent s'éloigner et se rassurent.

Quelques instants après, on voit arriver par la forêt plusieurs bandits portant la corbeille de noce où Pepinelli est toujours renfermé. — A quelques pas derrière eux on voit la Marchesa, en toilette de mariée, traverser également la forêt, conduite par des brigands à qui elle adresse des reproches et des questions inutiles. Ils disparaissent par la droite de la forêt, où une ouverture cachée par des rochers leur permet de descendre dans la caverne.

SCÈNE VI.

Un des brigands de l'escorte descend le premier; il entre dans la caverne, rend compte à Marco de l'expédition dont il les avait chargés. — Tout a réussi comme il le désirait. — On a enlevé la Marchesa, et par-dessus le marché, le capitaine de dragons Pepinelli, prisonnier dans la corbeille que l'on apporte en ce moment. Marco, qui ne veut pas être vu de la Marchesa, donne ses ordres à Geronio, son lieutenant, et lui indique que, caché non loin de là, il va en surveiller l'exécution.

SCÈNE VII.

La Marchesa arrive, en proie à des attaques de nerfs. — C'est de la dernière inconvenance... c'est horrible! L'enlever ainsi sans lui laisser le temps de se reconnaître, ni même de se trouver mal!... Sa toilette, sa coiffure ne sont plus présentables; sa robe de mariée et ses dentelles surtout sont dans un état affreux.

Elle demande à Geronio ce que l'on veut d'elle, et pourquoi on l'enlève ainsi au moment de son mariage?

— Ce mariage, signora, vous le retrouverez ici, on tient même à ce que sur-le-champ vous soyez mariée.

— Moi ! et avec qui ?

— Vous allez le voir.

On l'amène près de la corbeille, dont on soulève le couvercle.

Elle aperçoit Pepinelli pâle et tremblant.

— Voilà l'époux qu'on vous destine!

Pepinelli pousse un cri de joie, la Marchesa un cri de surprise; elle chancelle, elle va se trouver mal... et tombe comme évanouie dans les bras de Pepinelli, qui la soutient avec bonheur et veut lui prodiguer ses soins; mais tout à coup elle se relève, et s'adressant à Geronio :

— C'est absurde ! cela n'a pas de nom ! Epouser monsieur, moi, la fiancée du comte Federici ! Jamais je n'y consentirai.

— Apprêtez... armes ! dit Geronio à ses gens.

Devant les fusils qui les menacent, la Marchesa et Pepinelli font un pas l'un vers l'autre, puis un second, un troisième, et au moment où Geronio dit : En joue ! tous deux se prennent en tremblant la main. — Mieux vaut être mariés que fusillés.

Joie de Pepinelli, qui se laisse contraindre à être heureux.

— Mais, dit la Marquise, qui nous mariera ?

— Soyez tranquille, dit Geronio.

SCÈNE VIII.

On voit arriver en ce moment Fra-Borromeo, prisonnier des brigands.

A sa vue, tout le monde s'incline avec respect, à commencer par la Marchesa et Pepinelli. Geronio montre au franciscain les deux amants qu'il faut unir.

Musique religieuse. Pendant que, dans l'intérieur de la caverne, Fra-Borromeo unit la Marchesa et Pepinelli, on voit passer au-dessus d'eux, dans la forêt, la noce qu'on a vue la veille (*à la vremière scène du premier acte*) se célébrer au village.

Le nouveau marié et sa femme s'avancent suivis de leurs amis, précédés de violons et de hautbois. — Ils vont faire leurs visites de noce dans le voisinage, et se reposent un instant, sous les arbres de la forêt, pour laisser passer la grande chaleur du jour.

Au moment où tout le monde est à genoux, dans la caverne, Marco paraît au fond, tenant Angela par la main. Ils sont tous les deux debout pendant que Fra-Borromeo donne la bénédiction à Pepinelli et à la Marchesa.

— Eh bien, dit Marco, que t'avais-je promis? Tu vois bien qu'elle n'épousera pas le comte Federici.

Angela, dans sa surprise et dans sa joie, saute au cou de son père.

Le cortége des nouveaux mariés se met en marche. — Fra-Borroméo est en tête. — Ils disparaissent par la droite de la caverne. Deux bandits, le mousquet sur l'épaule, sont placés à la porte de la chambre nuptiale. — Marco, heureux d'avoir assuré le bonheur d'Angela, donne le signal de la joie. Ce sera le bal des noces.

Les compagnons de Marco, leurs filles et leurs femmes se livrent à des danses auxquelles Angela prend part. Au-dessus d'eux, dans la forêt, les gens de la noce, qui se sont reposés, dansent aussi une saltarelle.

A la fin du divertissement, plusieurs coups de feu se font entendre dans la forêt, et la noce se disperse effrayée.

SCÈNE IX.

Des bandits arrivent en désordre par le fond de la caverne. Ils annoncent à Marco que le Gouverneur et son neveu se sont hasardés presque seuls dans la montagne à la poursuite de la Marchesa, mais qu'ils sont suivis de loin par un fort détachement de dragons.

— Bien, répond Marco, que l'on sépare, si c'est possible, le Gouverneur de son escorte. Quant aux dragons, qu'on mette plutôt le feu à cette partie de la forêt que de les laisser approcher de notre retraite. Geronio lui promet que ses ordres seront exécutés.

Angela s'approche de son père et lui exprime ses inquiétudes.

— Rien à craindre, lui dit-il, je m'éloigne pour quelques instants. Je reviendrai bientôt près de toi. D'ici là, reste en ces lieux, où tu ne cours aucun danger et où chacun t'obéira.

Entends-tu, dit-il à Geronio et à ses compagnons, je veux qu'on obéisse à ma fille comme à moi-même ?

Geronio et les brigands le jurent. — Marco embrasse Angela et disparaît par la droite de la caverne, suivi de plusieurs bandits.

SCÈNE X.

Angela, restée seule, craint à la fois et pour son père et pour celui qu'elle aime. Elle écoute. Elle entend dans le lointain le son du tambour, puis celui du clairon. Le bruit redouble. Le cliquetis des armes et des cris retentissent. Effrayée, elle se réfugie dans le fond de la caverne à gauche.

SCÈNE XI.

Le Gouverneur et le comte Federici, son neveu, paraissent au milieu de la forêt, entourés par les brigands, qui viennent de les désarmer, et qui les entraînent vers la caverne, où ils les forcent de descendre. — Geronio accourt au-devant d'eux, reconnaît le Gouverneur, pousse un cri de joie, et donne ordre aux bandits de le fusiller sur-le-champ.

Le Gouverneur et son neveu, résignés à leur sort, se jettent dans les bras l'un de l'autre. Un groupe de brigands, placé à droite, les couche en joue. Sur l'ordre de Geronio, ils vont faire feu.

Une femme qui accourt du fond de la caverne s'élance au-devant des prisonniers, qu'elle couvre de son corps. Elle fait signe aux bandits de relever leurs mousquets. Ils hésitent... puis obéissent. Sur un second geste d'Angela, ils s'éloignent, mais lentement et en menaçant. Une fois ou deux, ils reviennent sur leurs pas ; Geronio lui-même a tiré un poignard, mais sur un nouvel ordre d'Angela, ils se retirent tous.

SCÈNE XII.

Le Gouverneur et Federici s'appochent de cette jeune fille qui vient de les sauver. Leur étonnement en reconnaissant Angela, qui cache sa tête dans ses mains... et se dit : Je suis perdue !

— Comment vous trouvez-vous dans cette caverne, au milieu de ces brigands ?

— Eloignez-vous, dit-elle, ne m'interrogez pas !

— Comment avez-vous pu les désarmer, et nous dérober à leur fureur ?

— Eloignez-vous, ne m'interrogez pas !...

— Non, s'écrie Federici, je ne m'éloignerai pas, je ne vous quitterai pas ainsi, vous à qui nousdevons la vie... vous que je ne peux oublier.

Des coups de feu retentissent au loin. Pepinelli, effrayé, sort de la caverne à gauche, soutenant dans ses bras et pressant sur son cœur la Marchesa, en proie à une attaque de nerfs.

Surprise du Gouverneur et de Federici.

— Vous, ma nièce, dans ces lieux !

— Vous, ma fiancée, dit Federici, dans les bras de Pepinelli... qu'est-ce que cela signifie ?

— Que vous voyez de nouveaux mariés.

— Vous, mariés !

— Par frère Borromeo que voici ! s'écrie Pepinelli en montrant le Franciscain qui s'avance derrière eux.

— Mariés ! quel bonheur ! s'écrie Federici en se retournant du côté d'Angela.

En ce moment, au milieu de la forêt, paraissent les dragons victorieux.

Quelques-uns d'entre eux descendent par la droite dans la caverne, conduisant devant eux un traître qui leur a livré le secret de ce passage. Ils annoncent au Gouverneur que le chef Marco Spada, en voulant défendre contre eux l'entrée de ces rochers, a été frappé d'un coup mortel.

Angela, prête à s'évanouir, est soutenue par Federici.

Spada, blessé, est amené par des dragons. Geronio, également blessé, est à côté de lui.

Angela pousse un cri de douleur... elle court se jeter à genoux près de Spada, qui vient de tomber sur un siége qu'on a avancé derrière lui. Elle le presse dans ses bras, elle essuie le sang de ses blessures en s'écriant : Mon père ! mon père !..

Le Gouverneur, Federici et tous les assistants jettent un cri de surprise.

Spada est couché sur une espèce de brancard au milieu de la caverne. Angela est à genoux à sa gauche, Geronio à sa droite ; frère Borromeo est venu se placer debout derrière lui. Les dragons romains l'entourent. (*Voir le tableau d'Horace Vernet : la Confession d'un bandit.*)

A gauche du théâtre, le Gouverneur et Federici. Debout, à droite, la Marchesa et Pepinelli. Au fond de la caverne et dans la forêt, différents groupes de dragons, seigneurs de la suite du Gouverneur, bandits, hommes et femmes.

Spada se soulève, contemple l'indignation du Gouverneur, l'amour de Federici ; il voit surtout la douleur d'Angela, qui sanglote près de lui. Et pour assurer le bonheur de son enfant, il s'écrie :

— Elle n'est pas ma fille, je le déclare à mon dernier soupir.

A ce cri, le Gouverneur, Federici et tous les seigneurs relèvent la tête. Borromeo s'avance et lui dit d'un ton solennel :

— Est-ce bien la vérité ?

— Oui.

— Vous le jurez ?

— Oui.

— Devant Dieu, qui nous entend et qui va vous juger ?

— Oui, s'écrie Spada en regardant sa fille.

— Soyez donc unis, dit alors le Gouverneur à Angela et à Federici, je ne m'y oppose plus.

Marco Spada jette sur sa fille un dernier regard de joie et d'amour ! — Dieu, qui est notre père à tous, se dit-il, pardonnera ce crime d'un père. Il lève les yeux au ciel et expire.

En ce moment, de tous les côtés de la montagne, le reste de la troupe des brigands est amené prisonnier par les dragons. Quant à Geronio, qui est prêt à suivre son chef, il pousse un cri de joie et de vengeance en montrant les flammes allumées par lui et qui menacent d'envahir la forêt; des lueurs rougeâtres s'élèvent dans e fond de la forêt. Dernier tableau. — La toile tombe.

FIN.

Paris.—Typ. Morris et Comp., rue Amelot, 64.

THEATRE DE L'OPÉRA.

Pièces en vente à la librairie de Mme Ve Jonas, éditeur,

RUE MANDAR, 4, ET RUE MONTMARTRE, 77.

OPÉRAS.

La Muette de Portici, 5 actes.
Robert le Diable, 5 actes.
Le Lac des Fées, 5 actes.
Guillaume Tell, 3 actes.
La Juive, 5 actes.
Les Huguenots, 5 actes.
Giudo et Ginevra, 5 actes.
Benvenuto Cellini.
La Vendetta, 3 actes.
La Xacarilla, 2 actes.
Gustave, 5 actes.
Les Martyrs, 4 actes.
Stradella, 3 actes.
La Favorite, 4 actes.
Le Comte Carmagnola, 2 actes.
La Reine de Chypre, 5 actes.
Charles VI, 5 actes.
Le Guérillero, 2 actes.
Le Vaisseau Fantôme, 2 actes.
Don Sébastien de Portugal, 5 actes.
Le Lazzarone, 2 actes.
Le Serment, 3 actes.
La Vestale, 5 actes.
Fernand Cortez, 3 actes.
Moïse, 3 actes.
Le Philtre, 2 actes.
Don Juan, 5 actes.
Le Dieu et la Bayadère, 2 actes.
Le Comte Ory, 2 actes.
Richard en Palestine, 3 actes.
Robert Bruce, 4 actes.
La Bouquetière, 1 acte.
L'Ame en peine, 2 actes.
Le Freischutz, 3 actes.
L'Etoile de Séville, 1 acte.
Marie Stuart, 5 actes.
Jérusalem, 4 actes.
L'Apparition, 2 actes.
Jeanne la Folle, 5 actes.
Le Prophète, 5 actes.
Le Fanal, 2 actes.
Sapho, 3 actes.
Démon de la Nuit, 2 actes.
L'Enfant prodigue, 5 actes.
La Corbeille d'Oranges, 3 actes.
Le Juif errant.
La Fronde.
Louise Miller.
Le Maitre-Chanteur, opéra en 2 actes.

BALLETS.

La Révolte des Femmes.
Le Diable Boiteux.
La Chatte métamorphosée en Femme.
La Gypsy.
La Tarentule.
La Tempête.
La Sylphide.
Le Diable amoureux.
Giselle.
Les Noces de Gamache.
La Jolie Fille de Gand.
La Péri.
Lady Henriette.
Le Diable a Quatre.
Paquita.
Betty.
Ozaï.
La Fille de Marbre.
Griseldis.
Nisida.
La Vivandière.
Le Violon du Diable.
La Filleule des Fées.
Paquerette.
Vert-Vert.
Orfa.
L'Atellane.
Jovita, ou les Boucaniers.
Le Corsaire.
Les Elfes.

Et le Répertoire complet des pièces de l'Opéra ancien et nouveau.

PIÈCES DIVERSES.

Le Veuf du Malabar, opéra-comique en 1 acte, par *MM. Siraudin* et *Adrien Robert*, musique de *M. Doche*. Prix : 60 c.
Le Château de Barbe-Bleue, opéra-comique, par *M. Saint-Georges,* musique de *M. Limnander*.
Mlle de Choisy, comédie-vaud. en 2 actes, par *MM. de Saint-Georges* et *B. Lopez*.

Paris.— Typographie Morris et Comp., rue Amelot,

www.ingramcontent.com/pod-product-compliance
Lightning Source LLC
LaVergne TN
LVHW020256230826
846091LV00006B/2441

9782329406459